KB237257

문학과지성 시인선 78

기억의 집

최승자 시집

문학과지성사

문학과지성사에서 펴낸 최승자의 시집

이 時代의 사랑(1981)
즐거운 日記(1984)
내 무덤, 푸르고(1993)
쓸쓸해서 머나먼(2010)
빈 배처럼 텅 비어(2016)

문학과지성 시인선 78

기억의 집

초판 1쇄 발행 1989년 5월 15일
초판 26쇄 발행 2025년 5월 26일

지 은 이 최승자
펴 낸 이 이광호
펴 낸 곳 ㈜**문학과지성사**
등록번호 제1993-000098호
주   소 04034 서울 마포구 잔다리로7길 18(서교동 377-20)
전   화 02)338-7224
팩   스 02)323-4180(편집)   02)338-7221(영업)
전자우편 moonji@moonji.com
홈페이지 www.moonji.com

ⓒ 최승자, 1989. Printed in Seoul, Korea

ISBN 89-320-0395-5 02810

문학과지성 시인선 78

기억의 집

최승자

시인의 말

세번째 시집을 펴낸다.
낙엽 지는 가을이나 겨울이 아니라 꽃 피는 오월에
시집을 낸다는 사실이 왠지 기분좋다.
그 동안, 본인들의 의사와는 상관없이 내 시의 소재가
되어주었던 모든 분들께, 그리고 나의 시집들을 만드느라
애쓰신 모든 분들께, 한꺼번에 감사드리지.

1989년 5월
최승자

기억의 집

차례

시인의 말

I

해설

I

문득 詩가 그리워

문득 詩가 그리워
글씨를 써봅니다.
글씨를 읽어봅니다.

문득 내 얼굴을 확인하고 싶어
거울 앞에서 머리를 빗어봅니다.

언젠가 잘라버린 내 팔,
베어진 그 부위의 기억이 소름돋습니다.
고통처럼 행복처럼 소름돋습니다.

문득 詩가 그리워
글씨를 써봅니다.
글씨를 읽어봅니다.

언젠가 잘려져나간 내 팔,
혼자서 헤맬 내 팔의 기억이
악몽처럼 다시 일어섭니다.

자칭 詩

그러면 다시 말해볼까.
삶에 관하여, 삶의 풍경에 관하여,
주리를 틀 시대에 관하여.
아니 아니, 잘못하면 자칭 詩가 쏟아질 것 같아
나는 모든 틈을 잠그고
나 자신을 잠근다.
(詩여 모가지여,
가늘고도 모진 詩의 모가지여)
그러나 비틀어 잠가도, 새어나온다.
썩은 물처럼,
송장이 썩어나오는 물처럼.

내 삶의 썩은 즙,
한잔 드시겠습니까?
(극소량의 詩를 토해내고 싶어하는
귀신이 내 속에서 살고 있다.)

詩 혹은 길 닦기

그래, 나는 용감하게,
또 꺾일지도 모를 그런 생각에 도달한다.
詩는 그나마 길이다.
아직 열리지 않은,
내가 닦아나가야 할 길이다.
아니 길 닦기이다.
내가 닦아나가 다른 길들과
만나야 할 길 닦기이다.

길을 만들며,
길의 흔적을 남기며,
이 길이 다른 누구의 길과 만나길 바라며,
이 길이 너무나 멀리
혼자 나가는 길이 아니길 바라며,
누군가 섭섭지 않을 만큼만
가까이 따라와주길 바라며.

돌아와 나는 詩를 쓰고

고통의 잔치는 이제 끝났다.
기억의 되새김만이 남았을 뿐.

그러나 장르를 바꾸고
운명의 제목을 바꾸고
그러고도 살아 남은 고통의 기억들.
그 위로 안개처럼 내리는 기억의 實重量.

슬프다 가이없다,
돌아와 나는 詩를 쓰고
한 세기가 흘러가고
돌아와 나는 또 詩를 쓰고.

여기는 어디인가,
내 일생의 유적지인가,
전생인가, 내세인가.

흔들며 흔들리며
눈 뜬 잠의 나날을

나는 잠행하고

내가 몸 눕히는 곳 어디서나
슬픔은 반짝인다.
하늘의 별처럼
地上의 똥처럼.

이제 전수할

이제 전수할 슬픔도 없습니다.
이제 전수할 기쁨도 없습니다.

떠납니다.
막막 하늘입니다.

떠나지 못합니다.

배고픔뿐인 그대와
배고픔조차 없는 내가
피하듯 서로 만나
배고픈 또 한세상을 이룩하는 것을
고장난 신호등처럼
바라봅니다.

(꿈이여 꿈이여
늙으신 아버님의 밑씻개여)

길이 없어

길이 없어 그냥
박꽃처럼 웃고 있을 뿐,

답신을 기다리지는 않아요.
오지 않을 답신 위에
흰 눈이 내려 덮이는 것을
응시하고 있는 나를 응시할 뿐.

모든 일이 참을 만해요.
세포가 늙어 가나봐요.
가난하지만
이 房은 다정하군요.
흐르는 이 물길의 정다움,
물의 장례식이 떠나가고 있어요.

잊으시지요.
꿈꾸기 가장 편리한 나는
무덤 속의 나니까요.

그날 이후

그날 이후 나는 죽었다.
그러므로 이것은 死後의 기술이다,
물론 아시는 분은 아시겠지만,
이것은 과장이다.
그렇다고 못 속아주는 분
또한 어엿한 바보이시다.
그러면 한 곡조 꽝!

저 강 저 벌판을 돌아
내 청춘이 간다.
묻어다오, 헤매는 이 발목,
흐르는 이 세계를,
묻어다오.

이런 詩를 훌쩍이기 위하여
시를 쓰는 것은 아니라는 것을 깨닫는 데에
그러나 나는 내 청춘을 다 소비해버린
거디엇다.

일찍이 세계는

일찍이 세계는
내 실패들의 전시장,
내 상처들의 쓰레기 더미.
그리하여 지금 알 수 없는 곳에서
흐르는 빗물은 모두가 나의 피.

누가 나를 불러라!
저 바다 한 끝에서
미치도록 나를 불러라!

그러면 쌓여온 통곡의 감탄사들,
모두 포말처럼 그에게 흩날려주리니.

흰 수평선 너머로
비명처럼 짧은 詩
번져가리니.

어떤 아침에는

어떤 아침에는, 이 세계가
치유할 수 없이 깊이 병들어 있다는 생각.

또 어떤 아침에는, 내가 이 세계와
화해할 수 없을 만큼 깊이 병들어 있다는 생각.

내가 나를 버리고
손 발, 다리 팔, 모두 버리고
그리하여 마지막으로 숨죽일 때
속절없이 다가오는 한 풍경.

속절없이 한 여자가 보리를 찧고
해가 뜨고 해가 질 때까지
보리를 찧고, 그 힘으로 지구가 돌고……

시간의 사막 한가운데서
죽음이 홀로 나를 꿈꾸고 있다.
(내가 나를 모독한 것일까,
이십 세기가 나를 모독한 것일까.)

서녘 항구

저무는 해 닻을 내리고

서녘 항구,
불타는 관절염의 뼈들을 이끌고
나 여기까지 왔네.

흔들어, 흔들어줘!
순교도 배교도 구원이 될 수 없는 시대,
침묵하는 배들이 바닷속에 뿌리내릴 때
내 일생을 내 일평생을
흔들어, 흔들어줘!

봄의 略史

서울신문사와 시청이 두 개의 사이드를
이루는 일방통로를 걸어, 걸어!
××協會, 그 미궁의 문을 향해
몸을 꺾고 정신을 꺾을 때,
유물론은 내 머릿속에서
가장 확실하게 빛난다.
유물론은 나의 슬픔,
유물론은 나의 오기.

기워도 기워도 나의 삶은
자꾸만 펑크가 터지고
(분명 어딘가 구조적 모순이 있다)

내가 버린 세월, 내가 포기한 세월 위에
올해도 수백 펜지꽃들 피어난다.

지랄처럼, 간질 발작처럼
펜지꽃들 미칠미칠 피어나
텅 빈 봄의 전면을 뒤덮고,

오 가벼운 약속의 시간들이여
흐르는 잠과 하품과 구역질의 시간들이여.

만월처럼 現世의 毒이 차오르누나.

물망초

우리가 엽전 열닷 냥 찌개 백반의
자유를 위해 분주할 때에도

모든 길들은 소리 없이 굽이치며 앓고,
보이지 않는 곳에서 물망초들은 피어난다.

외부를 향한 내부의 내부의
피흘림을 고요히 지우며
물망초는 또 한 가지를 뻗는다.

그와 같이 내 낮은 흐느낌 또한
하나의 말이 될 수 있을 때까지

잠시만 기다려다오.

내가 이 잔을 다 비울 때까지
내가 꿈속에서 다시 한번만 돌아누울 때까지
내가 내 시야를 스스로 거둘 때까지

잠시만 기다려다오,

죽음이여
잠시만,
영원히.

기억의 집

그 많은 좌측과 우측을 돌아
나는 약속의 땅에
다다르지 못했다.

도처에서 물과 바람이 새는
허공의 房에 누워, "내게 다오,
그 증오의 손길을, 복수의 꽃잎을"
노래하던 그 여자도 오래 전에
재가 되어 부스러져내렸다.

그리하여, 이것은 무엇인가.
내 운명인가, 나의 꿈인가,
운명이란 스스로 꾸는 꿈의 다른 이름인가.

기억의 집에는 늘 불안한 바람이 삐걱이고
기억의 집에는 늘 불요불급한
슬픔의 세간살이들이 넘치고,

살아 있음의 내 나날 위에 무엇을 쓸 것인가.

무엇을 더 보태고 무엇을 더 빼야 할 것인가.

자세히 보면 고요히 흔들리는 벽,
더 자세히 보면 고요히 갈라지는 벽,
그 속에서 소리 없이 살고 있는 이들의 그림자,
혹은 긴 한숨 소리.

무엇을 더 보태고 무엇을 더 빼야 할 것인가.
일찍이 나 그들 중의 하나였으며
지금도 하나이지만,
잠시 눈 감으면 다시 닫히는 벽,
다시 갇히는 사람들.
갇히는 것은 나이지만,
벽의 안쪽도 벽, 벽의 바깥도 벽이지만.

내가 바라보는 이 세계,
벽이 꾸는 꿈.

저무는 어디선가

굶주린 그리운 눈동자들이 피어나고
한평생의 꿈이 먼 별처럼
결빙해가는 창가에서
나는 다시 한번

아버지의 나라
그 물빛 흔들리는 강가에 다다르고 싶다.

도망

잠결에 무엇인가 내 꼬리를 물었다.
그것은 나의 항문 속으로 들어와
창자를 거쳐 나의 위장 속으로
올라와 꼬물거리고 있다.
조만간 그것은 식도를 타고 올라와,
백일하에 내 입밖으로
환하게 튀어나올는지도 모른다.
아직 시간이 있을 때 재빨리
나는 내 몸을 바꾸어야만 한다.
다른 몸뚱어리를 만들어내
그 안으로 내 정신을 이입시켜야만 한다.

너희는 내게 한 상표를 붙여놓았다.
나는 그 딱지를 떼어내
너희의 입구멍에 보기 좋게 척 붙여놓고서
재빨리 너희의 시야로부터 도망가버릴 것이다.
도망가 멀리 멀리 숨어 있을 것이다.

이제 가야만 한다

때로 낭만주의적 지진아의 고백은
눈물겹기도 하지만,
이제 가야만 한다.
몹쓸 고통은 버려야만 한다.

한때 한없는 고통의 가속도,
가속도의 취기에 실려
나 폭풍처럼
세상 끝을 헤매었지만
그러나 고통이라는 말을
이제 결코 발음하고 싶지 않다.

파악할 수 없는 이 세계 위에서
나는 너무 오래 뒤뚱거리고만 있었다.

목구멍과 숨을 위해서는
動詞만으로 충분하고,
내 몸보다 그림자가 먼저 허덕일지라도
오냐 온몸 정신으로

이 세상을 관통해보자

내가 더 이상 나를 죽일 수 없을 때
내가 더 이상 나를 죽일 수 없는 곳에서
혹 내가 피어나리라.

이천년대가 시작되기 전에

이천년대가 시작되기 전에
나는 결혼에 성공할지도 모르고
나는 삶에 성공할지도 모르고
그보다는 죽음에 성공할지도 모르고

나는 나를 모르고
무지한 돌멩이처럼 채이면 채이는 대로
잠시 굴러갈 뿐, 굴러다가 멈출 뿐.
이 후반전 인생은
맥도 긴장도 없이,
그러나 얼마나 두려운가,
속살 밑의 속살이 속살 위의 속살이 모르게
저 혼자 울부짖는.

진저리를 치며
그러나 들키지 않으려 애쓰며
미끄러져간다. 이 후반기 인생길을.

이 미끄러짐 끝에 확인이 있을까.

삶의 확인 아니면 죽음의 확인이
소인처럼 분명하게 찍혀질까.

어느 먼 하늘 혹은 地上의 카운터에서
마지막 셈을 시작하려 하는
저 거대한 손은 누구의 것일까.

고래 꿈

방안이 캄캄했다.
부드럽고 윤기 있게 캄캄했다.
방안이 뭔가 보드랍고 말랑말랑한,
그러면서도 단단한 것으로 가득차 있었다.
천정 못 미쳐서 두 개의
그윽한 램프가 이윽고 켜졌다.
잠시 후 한 쪽 램프가 살짝 꺼지자
마치 커다란 눈동자가 윙크한 것 같았다.

커다란 예쁜 고래 한 마리가
내 방에 들어와 있었다.

없는 숲

숲은 없는데,
숲이 없다는 것을 익히 아는데,
오늘 아침 창밖에서 느닷없이
터지는 도시 새들의 울음 소리가
내 눈앞에 천연덕스럽게
숲을, 숲의 배경을 구성해내고

미처 깨어나지 못한
내 머릿속 공장에서는 뇌세포들이
샛된 새소리들을 실[絲] 삼아
꿈과 생시를 넘나들며
황홀한 환상의 숲을 짜고 있다.

외로운 여자들은

외로운 여자들은
결코 울리지 않는 전화통이 울리길 기다린다.
그보다 더 외로운 여자들은
결코 울리지 않던 전화통이
갑자기 울릴 때 자지러질 듯 놀란다.
그보다 더 외로운 여자들은
결코 울리지 않던 전화통이 갑자기 울릴까봐,
그리고 그 순간에 자기 심장이 멈출까봐 두려워한다.
그보다 더 외로운 여자들은
지상의 모든 애인들이
한꺼번에 전화할 때
잠든 체하고 있거나 잠들어 있다.

삼십대

철없어 흘리던 피는 달디달지만,
때로는 몇 개의 열매도 맺었지만,
철들어 흘리는 피는 왜 이리 쓰디쓸까.

우리는 벌써 중년
자칫하다가는 중견
하마터면 중늙은이
오 이 삶의 중노동!

기억하시는지 그대들,
그 시절 그 노래를.
(애들아 나와라
달 따러 가자
장대 들고 망태 들고
뒷동산으로)
혹은
(강물아 흘러흘러
어디로 가니
넓은 세상 보고 싶어
바다로 간다)

II

수신인은 이미

수신인은 이미 죽었는데,
누가 암호를 보내는가.
이 물 속 같은 고요를 뚫고서……

어느 집에선가
어느 허공에선가
아니 어느 먼 먼 나라에선가

한세상 아득히 떨어져
고즈넉이 1세기를 울리고 있는
응답받지 못할 전화 벨소리.

창가에서
창가의 無爲의 침상에서
나는 한평생을 손짓으로
흘려, 흘려보낸다.

토악질

그대의, 그대들의 즐거움,
아무리 용수철처럼 튀어올라도
난 속지 않아, 속지 못해.
(행복하게 속고 싶어)

아직도 곧잘
희망에 푸릇푸릇 데쳐지고
절망에 달달 볶여지고
자포자기에 푹푹 고아지는
나는 수억 년 전부터의 원시적 아메바.

나는 슬픔의 소화기관을
갖고 있지 못하지.
그래서 슬픔을 먹는 대로
곧바로 토해버린다.
무의미한 끝없는 자동반복적 토악질.

자, 준비가 되었다면

자, 준비가 되었다면 그대여,
이제 내가 그대의 마음 위에
정성들여 수를 놓아도 되겠는지.
이제 내가 그대의 마음 밭에
마음껏 사과탄을 퍼부어도 되겠는지.
그대여 그대여
준비가 되었는지.
(만일 그렇지 않다면,
내가 널 가둬버릴 거야
          —시멘트로 꽁꽁 바른 듯이
내가 널 확 풀어놓을 거야
          —큰바다에 홀로 동동 뜬 듯이)

죽음이 내 주위를

죽음이 내 주위를
물결처럼 공기처럼
어둠처럼 맴돌며
내 급소를 노리고 있다.

수면 위로 아가미를
쫑긋거리는 물고기처럼
죽음은 사방 팔방
흐르는 물 속에서
쫑긋 쫑긋 내 몸에
입술을 비빈다.

소외의 房

43

소외는 깊다.
나도밤나무와 나도밤나무 사이에서
나도밤나무와 너도밤나무 사이에서
소외의 房은 깊다.

쇠똥구리의 房과
말똥구리의 房은
벽 하나로 통하는 게 아니라
벽 하나로 영원히 不通한다.

중년 식으로

예전에 당신을 사랑했어요.
그때 시계가 멈춰버렸죠.
그래서 이젠 자야 할 시간도 없어졌어요.

때때로 옛일로 잠 안 오는 밤엔
피가 나도록 피가 나도록
이빨을 닦읍시다.
당신은 東에서, 나는 西에서.

기억하는가

기억하는가
우리가 만났던 그날.
환희처럼 슬픔처럼
오래 큰물 내리던 그날.

네가 전화하지 않았으므로
나는 잠을 이루지 못했다.
네가 다시는 전화하지 않았으므로
나는 평생을 뒤척였다.

날이 흐리고

날이 흐리고 곧 비가 온다.
굴러가던 돌 몇 개 멈춰 서고
지렁이들의 골방에선
지렁이들의 울음 소리
더욱 그윽하게 들린다.

비가 오는데, 내가 우냐고?
서정 시대는 끝났어.
서정 연습 시대가 있을 뿐이야.

雨日 풍경

비
떨어지는
소리,
위에
떨어지는
눈물.

말라가던 빨래들이
다시 젖기 시작하고

누군가 베란다 위에서
그 모든 기억의 추억의 토사물들을
한꺼번에 게워내기 시작한다.

그대들이 나를 찾을 때

그대들이 나를 찾을 때
나는 잠들어 있을 것이다.

그대들이 살아 헤매며
이 세계의 모든 문들을 두드릴 때
나는 무덤의 따뜻한 실내에 있을 것이다.

내가 카인이며
그대들이 아벨인 이 시대에
내가 아는 지상 명제는
이 해가 지기 전에
나는 잠들어야 한다는 것이다.

나날

옛날에 옛날에
애매와 모호가 살았는데,
둘은 죽을 때까지
서로 싸웠다.

너는 왜 그리 애매하냐고,
그럼 넌 왜 그리 모호하냐고,
둘은 일란성 쌍둥이처럼 싸우며 죽어갔다.

정신분열증과 정신분열증 환자처럼
서로 멱살을 잡고 싸우며 죽어갔다.

白紙

그것도 저것도 아니라는데,
비는 오고
그것도 저것도 정말 아니라는데,
시간은 흐르고

오늘 밤도 나는 또다시 본다.
白紙의 순결함,
白紙의 무분별함,
白紙의 무자비함,
오 白紙의 극악한 횡포를.

휴지 노래

휴지야 휴지야
너는 얼마나 아름다우냐.
잠 깨어보면
내 노동의 잉크가
내 괴로움의 코피가
연연히 묻어 있는
휴지야 휴지야
너는 얼마나 아름다우냐.

오늘 밤 깊고 깊은

오늘 밤 깊고 깊은
골방의 심연에서
죽음은 불을 밝힌다.
불을 켜도 골방의 내부는 어둡고
어두운 가운데 죽음만이 홀로
심장의 불을 켜들고
환히 녹으며 타오른다.

각성하라!
타오르는 죽음 곁에
깜깜히 누운 삶이여.

얼굴 뒤에

얼굴 뒤에
나는 감춘다.
너의 고통과
너의 고통의 피맺힘에 관한
나의 지식을.

얼굴 뒤에
나는 감춘다.
내 자포자기의
내 패배주의의
그러나 무모한 힘을
그러나 무한한 근원을

희망의 감옥

1

내 희망이 문을 닫는 시각에
너는 기어코 두드린다.
나의 것보다 더욱 캄캄한 희망 혹은 절망으로.

벽도 내부도 없이
문만으로 서로 닫혀진
이 열린 희망의 감옥.

네 절망이 문을 닫는 시각에
나는 기어코 두드린다.
너의 것보다 더욱 캄캄한 절망 혹은 희망으로.

2

그대, 헤매는 그림자
내 발목에 묶어맬 수 없으니,

그대 긴 악몽의 밤을, 잠을,
내 깨어 있음으로 보완할 수 없으니,
형이여, 사랑하는 형제여
부디 그대의 악몽을 딛고서
그대 본래의 빛으로 빛나라.

3

유혹이여 그때 스며들지 않았겠는가.
유혹이여 그때 스며들고 싶지 않았겠는가.
나는 안다
너의 유혹에 내가 굴복했음을,
나의 유혹에 마침내 너의 유혹이 굴복했음을.

저, 내가 모르는
그러나 충분히 알고 있다고 느끼는
저 모든 삶의
의혹들에 관하여

기복들에 관하여
유혹이여 너는 스며들고 싶지 않았겠는가.
간단히 끝내주고 싶지 않았겠는가.

4

그렇다, 가혹하다.
누가 이렇게 내 피를 빨아먹는 건지.
— 그러나 나는 안다.
내가 내 피를 빨아먹었다는 것을,
빨아먹다 죽는다는 것을.
그러나 또 나는 안다.
내가 언제나 나이듯
내가 언제나 나의 남이라는 것을.
그리고 빨아먹다 죽은 나의 흡혈판으로
남들이 또 열심히 빨고 있으리라는 것을,
내 죽은 피를 남들이 또 열심히 빨고 있으리라는 것을.

5

어떻게 하라고 깊고 깊은
오리무중의 밤을 말하지 않는다.
밤은 단지 애매하게 손가락을 쳐들어보일 뿐이다.
그곳을 향해 나는 먼저
의문을 찾아나서야 하고
그리고 대답을 찾아나서야 한다.
대답에 이르기 전의
의문의 사냥꾼이 가야 할 길은
얼마나 머나먼가.

6

흰 새털구름이 떠 있는 동안은
그대의 이웃은 그대의 이웃.
그러나 먹구름이 몰려오기 시작하면

벌판엔 그대 혼자뿐
그리워 그리워
그대가 그 문을 두드리되
그 문은 언제나 닫혀 있더이다.

7

저 혼자 자유로워서는
새가 되지 못한다.
새가 되기 위해서는
새를 동경하는
수많은 다른 눈[眼]들이 있어야만 한다.

8

흙은 조금씩 조금씩
그러나 무한무한 증가한다.

우리가 무한무한 태어나고
우리가 무한무한 죽어가므로.
우리가 흙으로 돌아가는 게 아니라
우리가 흙을 생산하므로,
우리의 삶과 우리의 죽음으로써.

9

풍경을 닫아라,
오늘은 祭日.
이 세상은 관광지가 아니며
너의 방은 스쳐지나가는
열차의 창문이 아니다.
마지막으로, 숨을 닫아라,
오늘은 亡日.
(주여, 때가 가까왔나이다.
제발 이 때를 놓치지 마소서.
아니 제발 이 때를 놓쳐주소서.)

10

이 희망이 不可하다면
끝끝내 울지 않고,
비로소 활활 다 버리고
맨발로 가리라.
비로소 나의 끝을 위한
시작을 시작하리라.
이 희망이 결코 不可하다면.

11

비 온다,
비 간다.
사람 사는 골목 어디서나
흙 젖고 창틀 젖고

다시 마른다.
현재 미래 혹은 내세를 위해
어느 집에나 대문 있다.
어느 방에나 창문 있다.
…………
…………

말하기 싫다.
말하기 싫다는
말을 나는 말한다.

(희망은 감옥이다.)

III

그거

술은 끊어도 담배는 못 끊겠는 거, 그거.
담배는 끊어도 커피는 못 끊겠는 거, 그거.
커피는 끊어도 목숨은 못 끊겠는 거, 그거.

믿지 못하는 사이
두 발이 푹푹 빠져들어간다.
빠져들어간다는 것까지도
믿지 못하는 사이로
두 발은 더욱 습한 곳으로
푹푹 빠져들어간다.

(나의 이성과 감정은 언제나
나의 현실보다 뒤지는 거, 그거.)

아시는지

아시는지?
어느 날 갑자기 라면 먹고 싶은 것,
살고 싶음의 뿌리 그리하여
살아 있음의 뿌리 되찾고 싶은 것.

그래, 어느 날인가 몇 명의 문인이
라면이 한국 문학사에 끼친
공로에 대해 얘기한 적도 있다만,

오 들끓는 식욕으로 다가오는 라면,
고통과 쾌락의 두 약재로 빚어진
우리 시대의 당의정을
아시는지?

불현듯 식욕으로 다가오는 것은
무언가 골수에 사무친 것이다.
저 충청도 산간의 시래기 국을 못 잊듯,
저 도시 변두리의 라면을 못 잊듯.

그날의 함성은 아직도 유효하다
— 4.19에 부쳐

만질 수 있는 것과 만질 수 없는 것,
그 사이에서 4월의 亡者들은
돌아앉아 오래도록 꿈을 꾸고

그날의 함성은 아직도 유효하다.

최루탄을 쏘지 마라,
우리는 헤어지지 못한다,
                      않는다.

식도와 내장 속으로
소리 없이 피 번지는
그윽한 內出血의 4월에

우리는 다시 본다.
어떻게 절망이 희망 속으로 행군해가는가,
어떻게 슬픔의 이데올로기는
기쁨의 이데올로기와 쾌속으로 만나는가를.

최루탄을 쏘지 마라
그날의 함성은 아직도 유효하다.

밤

(씌어져야 할)
검은 칠판의 밤,
혹은 초속 몇 노트의 타이프라이터.

그러나 나는 떠나지 않는다.
너의 닫힌 안구의 눈꺼풀의 우주를
벗기기 시작하지 않는다.

(정말로 나는 당신을 기억하지 못합니다.)
정말로 그것만은 말 못 하겠습니다.
— 창밖에서 까마귀가 까악거리는데……
정말로 그것만은 저도 몰라,
      모르고 싶습니다.
차라리 까무러치게 해주십시오,
— 창밖에서 까마귀가 까악거리는데……

캄캄 허허벌판
그대와 내가 마주서지 않는다.
떨어져 잠복한 그대와 나의 귀만이

가속도적으로 커져가고
심연의 심연에서 까마귀가
이 밤의 골수를 후비고 있다.

노을을 보며

살아 있는 나날의, 소금에
절여지는 취기 같은 저 갈증,
누군가의 망막에 증기처럼 번져오르는 통증.
하지만 그래도 난 아냐, 난 못해.

전라도인지 조지아인지
어디서 또 아픈 일몰이 시작되고

봐, 봐, 저 붉은 노을 좀 봐.
죽을동 살동 온 유리창에 피칠을 하며
누군가 나 대신 죽어가고 있잖아.

심혈을 기울여 해가 지고
심혈을 기울여 한 사람이 죽고
심혈을 기울여 지구가 돈다, 돌 때,
나는 인큐베이터 안에서 세계를 내다보고

내 할 일은 그대 마저 다 죽고 난 뒤

흰 장갑 끼고
싸늘하게 빛나며
그대의 죽음에 비로소 입장하는 것뿐.

오월

한 개의 머리를 치면
두 개의 성난 머리가
돋아나는 히드라의 달,
오월은 피참한 달.

언제나 아이들은
세계의 상처 위에서 죽으며
언제나 아이들은
세계의 상처를 먹고 자라며,
오월의 일기 예보는 또다시,
어쩔 수가 없다고 말하고,

이 세상 아직도
잎 半 꽃 半
봄은 늘 아름답지만

이 세상 아직도
언 江 먼 땅,
以下同文의
깊은 밤.

當代의 當代의

내가 믿지 않았던, 내가 인정하지 않았던
그 세월 위에 그래도 녹이 슬고
또 싹이 트느니

이제 내가 불러도 대답하지 않을 當代여

당신의 외로움이 날 불러냈나,
내 그리움이 당신을 불러냈나,
외로움과 그리움이 만나
찬란하구나,
이 밤의 숱한 슬픔의 천적들이 만나
다정히 꼬리를 깨물고 깨물리우는
이 밤 슬픔의 불꽃놀이여,
當代의 當代의 슬픔의 집합들이여.

1986년 겨울, 煥에게

치열함은 갈수록 치열해지고

하늘에서 누가 거대한 모터를 돌리고 있느냐?
천지간에 바람 넘치고
이 시대 슬픔의 즙도 사방팔방 튀어나간다.

우리 서로 비밀스런 추억을, 비밀스런 치욕을
아파라 아파라,
서로 몰래 밟으며, 짓밟으며

누군가 각광받을 슬픔을 열심히 제조해내는 동안
우리가 희미하게 희미하게 여생을 걸어가는 동안
앞으로 남은 모든 날들이
행복으로 가득차 있다 할지라도
내가 믿는 것은
오늘의 절망, 절망의 짜장면이다.

네 운동의 목적성의 무목적성을
다만 믿는 것만으로

내 운동은 시작하고 끝날 뿐,

— 자중하라 자중하라 내 아가
이 시대 지나면 더 깊은 밤이 오리니
자중하라 자중하라 내 아가 —
지하에서 들려오는
내 어머니 자장가 소리.

졸리워 졸리워 오늘도 나는
내 무덤을 미리 파고

이 밤을 깊이 따라가면
고구려가 보이고
멀리 고조선도 보일까.

어디선가 뜨지 않은 해가 또 지고
숨은 발자국 소리들이
하늘 위를 걸어다닌다.

나는 그대의 벽을 핥는다

나는 그대의 벽을 핥는다.
달디단 내 혀의 입맞춤에 녹아
무너져라고 무너져라고
나는 그대의 벽을 핥는다.

그러나 결코 사랑은 아니라고
깨달아지는 이 나이는 무슨 나이인가?
결코 사랑만이 아니다.
결코 사랑만으로는 태부족이다.
이런, 나는 호 혹시
테러리스트의 꿈을 꾸고 있는 것일까?
오 꼬집어다오, 형제여, 내가 호 혹시
깡패의 순정을 꿈꾸고 있는 것일까?

오 모든 것이 끝났으면

담배도 끝나고
커피도 끝나고
술도 끝나고
목숨도 끝나고
시대도 끝나고
오 모든 것이 끝났으면.

아버지 어머니도 끝나고
삼각 관계도 끝나고
과거도 미래도 끝나고
이승도 저승도 끝나고
오 모든 것이 끝났으면.

아— 영원한 단식만이 있다면.
아— 영원한 無의 커튼만이 흔들리고 있다면.
(그러나 그보다는 차라리
빨리 나를 죽여주십시오.)

돌아와 이제

새들은 항시 낮게 낮게 가라앉고
산발한 그리움은 밖에서,
밖에서만 날 부르고

쉬임 없는 파문과 파문 사이에서
나는 너무 오랫동안 춤추었다.

이젠 너를 떠나야 하리.

어화 어화 우리 슬픔
여기까지 노저어 왔었나.

내 너를 큰물 가운데 두고
이제 차마 떠나야 하리,

오래 전에 내 눈 속 깊이 가라앉았던 별,
다시 떠오르는 별.
오래 갈구해온 나의 땅에
다시 피가 돌고

돌아와 이제 내 울타리를 고치느니,

허술함이여 허술함이여
버려진 잡초들이
이미 내 키를 넘었구나

겨울 들판에서

굴복할 때 사랑은 가장 아름다워—
가장 강한 강함이든
가장 약한 약함이든
그것에 굴복할 때
사랑은 가장 아름다워—

슬픔이여 이 논과 숲
이 낮은 산하에
내가 낮게 더 낮게 가라앉느니,

거두어다오
한평생의 열에 들떴던 이마를,

감기워다오
보지 말았어야 했을
모든 것을 보아온 이 사악한 두 눈을.

(이제 누가 새로이 건너기 시작하리라.
저 들판, 오래도록, 사람아

가로지르지 못했던 저 들판을.
그리고 너는 아직 햇빛이 허락되는 동안
너의 젖은 이승의 그림자를 말려야만 한다.)

다스려야 할 상처가

다스려야 할 상처가 딱히 또 있어서
내가 이 곳에 온 것은 아니다.
세계가 일평생이 상처였고
그 상처 안에 둥우리를 튼
나의 현재 또한 늘 상처였다.

가장 깨끗한 욕망 혹은
가장 더러운 절망을 짊어지고
나는 이 산으로 올라왔다.

모든 물질적 정신적 소비가
지겨워 나는 떠났다.
나는 소비를 위한 생산을 할
능력이 없는 사람이므로.

밤 난간에서

누가 슬픔의 별 아래 태어났으며
누가 슬픔의 별 아래 묻혔는가.
이 바람 휘황한 高地에서 보면
태어남도 묻힘도 이미 슬픔은 아니다.

이 허약한 난간에 기대어
이 허약한 삶의 규율들에 기대어
내가 뛰어내리지 않을 수 있는
혹은 내가 뛰어내려야만 하는
이 삶의 높이란,
아니 이 삶의 깊이란.

주변인의 초상

이 세계의 문법을 그는 매번 배우지만
매번 잊어버린다.
세계가 마취된 것인가,
자신의 두개골이 마취된 것인가,
그는 매번 판정을 내리지 못한다.
그는 물질이 정신성으로, 정신이 물질성으로
이동해가는 통로를 너무나 잘 알고
때로는 너무나 까마득히 모른다.

주변인은 신문이 배달되는 시각과
텔레비전이 시작되는 시각을
습관적으로 초조히 기다린다.
주변인은 이따금씩 제 집안의
하나뿐인 시계가 맞는지 알아보기 위해
국번 없이 116에 전화를 걸어본다.
그리고 로보트 음성의 한 문장이 끝날 때까지 듣는다.

주변인은 주로 전철이나
시외버스를 타고 다닌다.

때로는 목숨 내놓고
총알택시를 타기도 한다.
행복의 이데올로기를 믿는
행복한 사람들을 부러워하며,
서울의 탱탱한 표면장력을 그리워하며,
그 속으로 이입되기를
무수히 갈망하고 무수히 증오하면서,
표면에서 표면으로
주변에서 주변으로
가장자리에서 가장자리로
주변인은 정처없이 지도를 어지럽히며
하염없이 시간을 혼선시키며 굴러다닌다.

삼십대의 자서전

우리의 핏멍이 보이지 않는
행복한 번역체로,
그리운 그리운 제국주의의 번역체로,
다시 쓸까, 내 고백을 내 자서전을,
나의 성공한 실패들의 집적을,
내 무의미의 집대성의 神殿을.

아하, 그리하여 읊어볼까,
잘도 배운 식민지적 어법으로,
미지의 신비의 불가해한 불가항력의
뿌리칠 수 없는 대체할 수 없는 돌이킬 수 없는……

파괴의 집

사방팔방으로 바람, 바람 소리.
바람 파도에 포위된 집,
누울 곳 없는 삼십칠 세.

없는 꿈과 있는 현실,
그 사이에서 바람-
바람 소리가 날 흔들어댄다.

영원히 뿌리 없는
허공의 房, 허방의 집.

허망하고 허망하여
이 집을 파괴합니다.
이 집을 복원하지 마십시오.
행여, 이 위에 기념 건물을 세우지 마십시오.
명실공히, 이 집은 파괴의 집입니다.

기도하지 않으리라

촛불이 타고 있는 동안은
이 환한 불빛에 기대리라.
심장이 타고 있는 동안은
이 따스한 온기에 기대리라.

촛불이 타고 있는 동안은
심장이 타고 있는 동안은
결코 결코 기도하지 않으리라.

나 죽은 뒤, 나도 모르는
나의 기원만이 이승 저승
홀로 헤맨다 할지라도

내 심장 한 개의 촛불로 만들어
온밤내 태우기만 하리라.
결코 결코 기도하지 않으리라.

고통의 춤

바람이 독점한 세상.
저 드센 바람 함대,
등 푸른 식인 상어떼.

반사적으로 부풀어오르는 내 방광.
오늘 밤의 싸움은 팽팽하다.
나는 그것을 예감한다.

그리하여 이제 휘황한
고통의 춤은 시작되고,
슬픔이여 보라,
네 리듬에 맞추어
내가 춤을 추느니
이 유연한 팔과 다리,
평생토록 내 몸이
얼마나 잘
네 리듬에 길들여졌느냐.

前夜

밤이면 보편적 어둠에 의해
아니 차라리 배타적 불빛들에 의해
외부와 내부, 상부와 하부
중심부와 주변부가
호화롭게 공존한다.
그러나 내 방의 내부만은
내 방의 내부 속에 닫혀 있다.

저 지겨운 짐보따리 책보따리
추억의 보따리, 절망의 보따리, 희망의 보따리
갈 테면 가라지 하는 푸르른 청춘과
가지 말라 가지 말라 하는 누르른 청춘의
끝도 없고 피도 없는 건조한 싸움.

하나의 정거장일 뿐,
지상의 영원한 집은 없다.
이미 깨어진 너의 집은 없다.

그러니 가라, 가서 자라.

교과서에서 배웠듯,
"낮은 베개 높이 베고."

(경험이 네 어머니이며
未知가 네 아버지인 것을)

긍정에 감싸인 방법적 부정, 혹은 그 역

진형준
(문학평론가)

최승자의 이번 시집은 배열이 꽤나 흥미롭다. 그 배열은 일정한 방향성을 지닌 전개나 변모의 모습을 보여주지 않고, 반복적으로 왔다갔다 하는 모습을 보여준다. 시인이 꽤나 흔들리고 있다는 증거이다. 아니 시인은 시집을 그렇게 배열함으로써 자신의 흔들림을 고의적으로 드러낸다. 그러나 내게는 그 반복·흔들림이 평면적인 반복이나 흔들림처럼 보이지 않고, 질적인 변화를 수반하는, 입체적 흔들림으로 보인다. 따라서 그 각기 다른 흔들림의 여러 단계가 있다. 첫번 단계부터 살펴보자(인용시는 거의가 부분 발췌이다. 전문 인용인 경우는 전문임을 따로 밝힌다).

i) 문득 詩가 그리워

글씨를 써봅니다.

글씨를 읽어봅니다.

문득 내 얼굴을 확인하고 싶어

거울 앞에서 머리를 빗어봅니다.

—「문득 詩가 그리워」

ii) 아니 아니, 잘못하면 자칭 詩가 쏟아질 것 같아

나는 모든 틈을 잠그고

나 자신을 잠근다.

(詩여 모가지여,

가늘고도 모진 詩의 모가지여)

그러나 비틀어도 잠가도, 새어나온다.

썩은 물처럼,

송장이 썩어나오는 물처럼.

—「자칭 詩」

iii) 그래, 나는 용감하게,

또 꺾일지도 모를 그런 생각에 도달한다.

詩는 그나마 길이다.

아직 열리지 않은,

내가 닦아나가야 할 길이다.

94

                                        —「詩 혹은 길 닦기」

iv) 슬프다 가이없다,

돌아와 나는 詩를 쓰고

한 세기가 흘러가고

돌아와 나는 또 詩를 쓰고

                                    —「돌아와 나는 詩를 쓰고」

v) 이제 전수할 슬픔도 없습니다.

이제 전수할 기쁨도 없습니다.

[……]

배고픔뿐인 그대와

배고픔조차 없는 내가

피하듯 서로 만나

배고픈 또 한세상을 이룩하는 것을

고장난 신호등처럼

바라봅니다.

                                        —「이제 전수할」

vi) 이런 詩를 훌쩍이기 위하여

시를 쓰는 것은 아니라는 것을 깨닫는 데에

그러나 나는 내 청춘을 다 소비해버린

거디엇다.

—「그날 이후」

시인은 그 무슨 이유에서인가 한동안 시를 쓰지 못한다. 시인이라는 이름을, 얼굴을 하고 있는 이가 시를 쓰지 못했다면, 자기 얼굴을 잊고 산 것이 된다. i)에서 시인은 "문득 내 얼굴을" 확인하고 싶어진다고 말한다. 그러나 그 확인하고픈 욕망은 단번에 설레이는 희망으로 이어지지는 않고, "악몽처럼 다시 일어(설) 뿐이다. ii)에서 시인은, 그렇다면 다시 시를 써볼까고 생각한다. 그러자, 시가 마구 쏟아질 것 같은 느낌에 사로잡힌다. 그러나 그 시는 '자칭 시'일 뿐이다. 한동안 시를 못 쓰게 만든 원인 중의 하나라고 짐작할 수 있는, 이전의 시들과 같은 시들이 쏟아져나온다면, 결과는 똑같을 뿐이다. 그래서 시인은 그 모가지를 비틀고 잠근다. 모가지를 비틀고 잠그는 것은 그런 식의 숨통은 끊어버리고픈 단호함과, 제 아무리 조이려 해도 차마 조일 수 없다는 두 갈래 의미 부여를 가능케 한다. 그래서 시인은 "극소량의 詩를 토해내고 싶어하는/귀신이 내 속에서 살고 있다"고 말한다. 그 귀신을 극소량만 토해내고 싶다는 절제와, 제 아무리 해도 토해낼 수밖에 없다는 욕망이 버무려진 모습이다. 귀신과 사람과는 싸움이 안 되는 법이니까 그 귀신에게 질 수밖에 없다. 곧 그 귀신을 긍정하는 일이다. iii)은 그 긍정에 입각한 제법 단호한 '시인의 길' 선언이다. 시인은 "이 길이 너무나 멀리/혼자 나가는 길이 아니길 바라며,/누군가 섭섭지 않을 만큼만/가까이 따라와주길 바라며"라고 꽤 희망에 찬 발언을 하기도 한다. 그러나 그 선언이 제 아무리 단호하더라도, 이전에 쓰던 시 같은 것은 안 쓰겠다고 다짐하더라도, 그래서 '자칭 시'가 아닌, '극소량'의 "삶의 썩은 즙"을 보여주려 하더라도, 시인이 구체적으로 하는 일은 "돌아와 또 詩를" 쓰는 일일 뿐이다. 겉으로 보아 변한 것은 하나도 없다. 그 내부의 움직임은 "눈뜬 잠의 나날" 속에서의 흔들림이었을 뿐이다. 시를 쓰는 나를 향한 섣부른 긍정은, 그 흔들림조차 무의미하게 한다. v), vi)에서 시인은 자신의 삶 전체를 부정함으로써, 그 자그마한 긍정조차 부정하려 한다. 방법적 부정이다. 그 방법적 부정이 필요한 것은, 다시 돌아와 시를 쓰는 내가 완전히 부정되지 않고는 시가 달라질 수 없기 때문이다. 시와, 시쓰는 나는 별개가 아니라 완벽하게 결합되어 있다. 나는 그것을 알고 있는 최승자가 끔찍하게(면서) 좋다. 최승자는 시를 부정하던 자리에서, 그것을 긍정한 후에 다시 부정으로 돌아간다. 그러나 그 대상은 시쓰기에서, 내 삶 혹은 존재 전체로 확산된다.

vii) 어떤 아침에는, 이 세계가

치유할 수 없이 깊이 병들어 있다는 생각.

또 어떤 아침에는, 내가 이 세계와

화해할 수 없을 만큼 깊이 병들어 있다는 생각.

내가 나를 버리고

손 발, 다리 팔, 모두 버리고

그리하여 마지막으로 숨죽일 때

속절없이 다가오는 한 풍경.

속절없이 한 여자가 보리를 찧고

해가 뜨고 해가 질 때까지

보리를 찧고, 그 힘으로 지구가 돌고……

시간의 사막 한가운데서

죽음이 홀로 나를 꿈꾸고 있다.

(내가 나를 모독한 것일까,

이십 세기가 나를 모독한 것일까.)

—「어떤 아침에는」 전문

viii) 서녘 항구,

불타는 관절염의 뼈들을 이끌고

나 여기까지 왔네.

흔들어, 흔들어줘!
순교도 배교도 구원이 될 수 없는 시대,

—「서녘 항구」

ix) 외부를 향한 내부의 내부의
피흘림을 고요히 지우며
물망초는 또 한 가지를 뻗는다.

그와 같이 내 낮은 흐느낌 또한
하나의 말이 될 수 있을 때까지

잠시만 기다려다오.

내가 이 잔을 다 비울 때까지
내가 꿈속에서 다시 한번만 돌아누울 때까지
내가 내 시야를 스스로 거둘 때까지

잠시만 기다려다오,

죽음이여
잠시만,

영원히.

―「물망초」

그 확산된 시선에서, 눈에 띄는 것은 병든 모습이다. 그러나 시인은 병든 것이 과연 이 세계인지, 아니면 나인지 확신하지 못한다. 그 확신 없음은, 세상이 병들었으니 세상을 바꾸자, 혹은 내가 병들었으니 나를 치료하자는 확실한 태도에 비하면 꽤나 안쓰러운 모습이다. 그러나 그래도, 병듦/건강함의 이분법 내에 버티고 있는 한, 극도의 허망에 빠질 길은 예방될 수 있다. 병듦/건강함의 진단은 최소한 살아 있는 실존을 향해 행해질 수 있기 때문이다. 시인이, "나를 버리고" 이어서 가장 확실한 실존인 "손 발, 다리 팔, 모두 버리고" 숨마저 죽이자, 나의 그러한 생각과는 무관하게, 이 지구를 돌리고 있는, 가장 확실하게 구체적이면서(노동이니까), 언제나 이어지는 한 풍경이 떠오른다. 그 풍경은 나의 그 진단도 나라는 존재, 나라는 실존에의 집착에서 비롯되는 것은 아닌가 하는 위험한(왜? 허망감으로, 극도의 자기 혐오로 이어질 수도 있으니까) 지경에까지 다다르게 만든다. 시인이 보기에 그 삶은 "사막 한가운데"의 불모의 삶이다. 그 삶은, 그 삶의 주체인 나는, 죽음이라는 다른 주체의 꿈속의 존재일 뿐이다. "죽음이 홀로 나를 꿈꾸고 있(으니)" 나는 죽음 속에 존재하는 삶도 아니고(죽음은 엄연한 실존이다), 죽음조차도 나를 꿈속에서나 만나는, 존재하지 않는 존재일 뿐이다. 좀 그럴 듯하게 표현하면 비존재의 존재이다. 그러나, 하나마나한 소리이지만 삶이 그렇게 끝날 수도 없고 그래서도 안 된다. 그래서 시인은 viii) ix)에서 "흔들어, 흔들어줘!"라고 "잠시만 기다려다오"라고 애원한다. 그리고 "나는 다시 한번//아버지의 나라/그 물빛 흔들리는 강가에 다다르고 싶다"(기억의 집)라고, 비교적 순진한 그래서 건강한 열망을 드러낸다.

「이제 가야만 한다」「이천년대가 시작되기 전에」「도망 없는 숲」은 비교적 그 열망들이 겉으로 강하게 드러나 있는 그래서 이 시집 전체에서는 가장 행복한 노래라고 볼 수 있는 시들이다. 그때 "파악할 수 없는 이 세계 위에서/나는 너무 오래 뒤뚱거리고만 있었다"라는 자기 부정은 말 그대로의 부정이라기보다는 이제 뒤뚱거리지만 않는다면 "혹 내가 피어나리라"는 희망을 향한 긍정이 되며, "어느 먼 하늘 혹은 地上의 카운터에서/마지막 샘을 시작하려 하는/저 거대한 손은 누구의 것일까"라는, 최승자의 시로서는 아주 낯선, 비외적인 내음을 풍기는 시어까지 등장하게 되고, "미처 깨어나지 못한/내 머릿속 공장에서는 뇌세포들이/샛된 새소리들을 실[絲] 삼아/꿈과 생시를 넘나들며/황홀한 환상의 숲을 짜고 있다"고, 없는 숲을 볼 수 있게 되기까지

한다.

그러나 그 행복과 황홀은 잠시일 뿐이다.

x) 나는 슬픔의 소화기관을

갖고 있지 못하지.

그래서 슬픔을 먹는 대로

곧바로 토해버린다.

무의미한 끝없는 자동반복적 토악질.

—「토악질」

xi) 죽음이 내 주의를

물결처럼 공기처럼

어둠처럼 맴돌며

내 급소를 노리고 있다.

—「죽음이 내 주위를」

xii) 그대들이 살아 헤매며

이 세계의 모든 문들을 두드릴 때

나는 무덤의 따뜻한 실내에 있을 것이다.

—「그대들이 나를 찾을 때」

xiii) 오늘 밤 깊고 깊은

골방의 심연에서

죽음은 불을 밝힌다.

―「오늘 밤 깊고 깊은」

잠시 희망을 노래하던 시인은, "아직 시간이 있을 때 재빨리/나는 내 몸을 바꾸어야만 한다"라는 밝은 조급함에 싸여있던 시인은, 갑자기, "골방의 심연에서 죽음의 불을 밝힌(채)" "벽 하나로 영원히 不通하는" "무덤의 따뜻한 실내에" 칩거한 채, "수신인은 이미 죽었는데,/누가 암호를 보내는가, 이 물 속 같은 고요를 뚫고서……"라고 되묻는다. 누가, 무엇이 시인을, 그 불통의 소외의 방에 가두었는가? 시인의 표현대로 이 세계인가, 시인 자신인가? 그 질문에 답할 능력이 내게는 없지만, 시인 자신의 그 가둠은, 잠시 희망에 뒤뚱거렸던, 자기 부정 완성의 한 방법이라고 말할 수는 있다. 앞서 시쓰기에 대한 약간의 희망적 발언이 다시 부정되었듯이, 거듭 태어남의 희망은(몸바꾸기는 거듭 태어남에 다름아니다), 그것이 희망의 언어로 말해지는 한 그 거듭 태어남을 가짜로 만들 것이므로 또다시 부정되어야 한다. 그래서 최승자는 희망이 있다면이라고 말하지 않고 "희망이 不可하다면"이라고 말한다.

이 희망이 不可하다면
끝끝내 울지 않고,

비로소 활활 다 버리고
맨발로 가리라.
비로소 나의 끝을 위한
시작을 시작하리라.
이 희망이 결코 不可하다면.

—「희망의 감옥」

부정이 긍정을 낳고, 다시 그 긍정이 부정을 낳고, 다시 긍정, 부정으로 이어지는 순환이면서, 순환 이상의 것이다. 그 반복되는 뒤집히는 움직임은 단순히 돌아가는 행위가 아니라, 무한무한 증폭되고 변모를 수반하는 생산적 행위이다.

흙은 조금씩 조금씩
그러나 무한무한 증가한다.
우리가 무한무한 태어나고
우리가 무한무한 죽어가므로.
우리가 흙으로 돌아가는 게 아니라
우리가 흙을 생산하므로,
우리의 삶과 우리의 죽음으로써.

—「희망의 감옥」

그 무한한 긍정의 희망을 갖기 위해서는 희망이라는

감옥으로부터도 탈출을 해야 하는, 아이러니의 세계이
다. 그 아이러니는, 그러나, 반복하는 말이지만, 역동적
생성의 공간을 만들어낸다. 그래서, 그쯤 이해하고 보면,

담배도 끝나고
커피도 끝나고
술도 끝나고
목숨도 끝나고
시대도 끝나고
오 모든 것이 끝났으면.

[……]

아— 영원한 단식만이 있다면.
아— 영원한 無의 커튼만이 흔들리고 있다면.
(그러나 그보다는 차라리
빨리 나를 죽여주십시오.)
　　　　　　　　—「오 모든 것이 끝났으면」

와 같은 도저한 절망의 탄식도 절망만으로 읽히지 않
는다. 우리는 그 옆에 곧 아래와 같은 욕망의 시를 놓을
수 있기 때문이다.

오래 전에 내 눈 속 깊이 가라앉았던 별,
다시 떠오르는 별.
오래 갈구해온 나의 땅에
다시 피가 돌고
돌아와 이제 내 울타리를 고치느니,

—「돌아와 이제」

「돌아와 이제」라는 시를 읽고 나니 그야말로 처음으로 돌아온 느낌이다. 그러나 묘한 겹침이 그 돌아옴에는 숨어 있다. 처음의 돌아옴이 시인의 자리로의 돌아옴이었고, 그래서 필경은 항상 새롭게 떠나야만 하는 돌아옴이었다면, 시인은 그 새롭게 떠나야 한다는 방법적 부정의 과정을 거쳐 일종의 시원始源의 자리로 돌아온다. 정과리가 '모태의 부재'와 깊이 관련되어 있다고 옳게 지적한 바 있는 최승자의 시세계로서는 놀라운 변모이다. 그 돌아옴이 단순한 돌아옴이 아님을 이해하기 위해서는 앞서 인용한 시에 선행하는 몇 연을 다시 읽어야 한다.

[……]

이젠 너를 떠나야 하리.

어화 어화 우리 슬픔

여기까지 노저어 왔었나.

내 너를 큰물 가운데 두고

이제 차마 떠나야 하리.

　떠나야 한다는 다짐 뒤에 '나의 땅' 다시 돌아왔다라
고 읊을 수 있는 것은, 그 다짐 속의 떠남이, 새로워지기
위한 방법적 떠남으로부터, 떠나야 한다는 집착으로부
터도 떠남으로 그 의미가 바뀐다. 전자의 떠남이 동일
한 위상에서의 그러니까 시인의 표현대로 '뒤뚱거림'이
었다면, 후자의 떠남은 그 '뒤뚱거림'과의 결연한 결별
이다. 그 '뒤뚱거림', 그 몸짓을 버리니까,

이 허약한 난간에 기대어

이 허약한 삶의 규율들에 기대어

내가 뛰어내리지 않을 수 있는

혹은 내가 뛰어내려야만 하는

이 삶의 높이란,

아니 이 삶의 깊이란.

——「밤 난간에서」(윗점은 인용자)

과 같은 놀라운 통찰이 생긴다. 허약한 난간과 허약한

삶/삶의 높이, 삶의 깊이라는 명백히 대립되는 두 항이, '기대어'라 동사에 의해, 양립 불가능한 양자 택일의 대립항이길 그치고 한데 손을 잡는다. 그 손잡음은, "뛰어내리지 않을 수 있는"과 "뛰어내려야만 하는"의 두 모순되는 행위를 화해롭게 손잡게 한다. 게다가, 그 '뛰어내림'의 행위와, '삶의 높이' '삶의 깊이'가 절묘한 어울림을 이루면서, 높이와 깊이의 이율배반적인 단어도 서로 조응한다. 높이(가벼움)에 이르기 위해 깊이(무거움)을 버리거나 깊이(심오함)에 이르기 위해 높이(역시 가벼움)를 버려야 하는 게 아니라, 그것들은 같이 있다. 아니, 같이 있는 게 아니라, 같이 간다. 그 통찰 속에서는 기도조차도 부인된다.

촛불이 타고 있는 동안은
이 환한 불빛에 기대리라.
심장이 타고 있는 동안은
이 따스한 온기에 기대리라.

촛불이 타고 있는 동안은
심장이 타고 있는 동안은
결코 결코 기도하지 않으리라.

—「기도하지 않으리라」

‘환한 불빛’ ‘심장’은, 「밤 난간에서」의 ‘허약한 삶과 조응한다. 「기도하지 않으리라」에서는 기도로 이루어지는 것에 대한 부정의 의미보다는, 기도에의 집착으로는 그것이 이루어지지 않는다는 통찰의 의미가 더 짙게 들어 있다. 떠남이, 이제 그 무엇인가 미지의 것을 추구하기 위한 떠남이 아니라, 무한한 그 무엇의 가능성에의 집착마저도 버린 떠남으로 이해할 수 있다면 기도가 부정되는 것은 당연한 일이다. 기도는, 추호도 의심할 수 없는 그런 존재를 향한, 도저히 부정될 수 없는 그런 의미 추구의 몸짓이기에 어떤 의미에서는 가장 확실한 집착이다. 그렇게 되니까

하나의 정거장일 뿐,
지상의 영원한 집은 없다.
이미 깨어진 너의 집은 없다.

그러니 가라, 가서 자라.
교과서에서 배웠듯,
"낮은 베개 높이 베고."

(경험이 네 어머니이며
未知가 네 아버지인 것을)

—「前夜」

과 같은, 지극히 편안하면서도 가슴 설레이는, 행복한 시가 가능해진다. 그 행복 속에서 어머니의 부재, 아버지의 부재는 아무런 문제가 되지 않는다. 어머니, 아버지의 부재는, 그것의 존재에 대한 집착이 빚은 고통일 뿐이다.

나는 앞서 일종의 시원始源의 자리로 돌아옴이라고 했다. 그러나 그 시원의 자리는 고요한 정태적인 자리가 아니다. 그 자리는 시원의 자리라기보다는 차라리 부당한 억압(내적.외적 억압과 집착)에서 풀려난, 속시원한 자율 운동의 자리이다. 그 자리에 와보니, "내 몸을 바꾸어야 한다"라는 집착도 버리니, "이 바람 휘황한 高地에서 보면/태어남도 묻힘도 이미 슬픔은 아니다"라는 깨달음과 함께, 몸뚱어리는 이미 바뀌어버린다. 보라, 시인이 그 변한 몸뚱어리로 얼마나 신나게 춤을 추는가를.

바람이 독점한 세상.
저 드센 바람 함대,
등 푸른 식인 상어떼.

반사적으로 부풀어오르는 내 방광.
오늘 밤의 싸움은 팽팽하다.

나는 그것을 예감한다.

그리하여 이제 휘황한
고통의 춤은 시작되고,
슬픔이여 보라,
네 리듬에 맞추어
내가 춤을 추느니
이 유연한 팔과 다리,
평생토록 내 몸이
얼마나 잘
네 리듬에 길들여졌느냐.

—「고통의 춤」 전문

신나는, 그러나 눈물 핑그르 도는(그러나 버려라! 눈물 따위는!) 고통과 슬픔의 춤이다.

아쉬움에 한마디, 사족 같지만, 더 하자. 커다란 긍정에 감싸인 방법적 부정의 그 생성의 공간에, 독자여, 마음을 긴장하듯 풀어놓고, 뛰어들어, 그 감휘 속에서 열림을 맛보며, 함께 춤추지 않으려는가! ▨